curiosidad por

EL BÁSQUETBOL

T0014195

POR JOE TISCHLER

AMICUS

¿Qué te causa

curiosidad?

Curiosidad por es una publicación de Amicus
P.O. Box 227, Mankato, MN 56002
www.amicuspublishing.us

Copyright © 2024 Amicus.
Todos los derechos reservados. Prohibida la reproducción,
almacenamiento en base de datos o transmisión por
cualquier método o formato electrónico, mecánico
o fotostático, de grabación o de cualquier otro tipo
sin el permiso por escrito de la editorial.

Editora: Alissa Thielges
Diseñadora de la serie: Kathleen Petelinsek
Diseñadora de libro: Lori Bye
Investigación fotográfica: Omay Ayres

Información del catálogo de publicaciones
de la biblioteca del congreso
Names: Tischler, Joe, author.
Title: Curiosidad por el básquetbol / por Joe Tischler.
Other titles: Curious about basketball. Spanish
Description: Mankato, MN: Amicus, [2024] |
Series: Curiosidad por los deportes | Includes
bibliographical references and index. | Audience:
Ages 6–9 | Audience: Grades 2–3 | Summary: "Conversational
questions and answers, translated into Spanish, share what kids
can expect when they join a basketball team, including gear to
pack, basic rules, and how to score"—Provided by publisher.
Identifiers: LCCN 2022048070 (print) | LCCN
2022048071 (ebook) | ISBN 9781645495987
(library binding) | 9781681529165 ISBN
(paperback) | ISBN 9781645496281 (ebook)
Subjects: LCSH: Basketball—Juvenile literature.
Classification: LCC GV885.1 .T5718 2024 (print) | LCC
GV885.1 (ebook) | DDC 796.323—dc21/eng/202201006
LC record available at https://lccn.loc.gov/2022048070
LC ebook record available at https://lccn.loc.gov/2022048071

Photo credits: Getty/Hill Street Studios 14–15, kali9 11,
miljko 6–7, monkeybusinessimages 20–21, Tony Garcia
9; iStock/FatCamera 5; Shutterstock/Andrey Arkusha 16,
enterlinedesign 17, er ryan 22, 23 (icons), eurobanks
19, Milos Kontic 13, Monkey Business Images 12, Node
Hingprakhon 8, Pressmaster 4, Rawpixel.com cover, 1

Impreso en China

CAPÍTULO TRES

Jugar el juego
PÁGINA
16

¿Qué edad debes tener para jugar?

¡Puedes empezar muy joven! Hay pelotas de básquetbol más pequeñas para jugadores jóvenes. Tan pronto como puedas correr y sostener una pelota, puedes aprender a **botar** y tirar. Cuando entres a la escuela primaria, puedes unirte a un equipo.

Los jugadores usan una mano para botar la pelota.

¿SABÍAS?
James Naismith
inventó el básquetbol
en 1891.

¿A dónde puedo ir para jugar básquetbol?

Los niños practican ejercicios en el gimnasio de la escuela.

Puedes jugar básquetbol en interiores o exteriores.
Los parques locales suelen tener una cancha o aro
de básquetbol. ¿Qué pasa si está lloviendo o hace
mucho frío? Busca canchas cubiertas. La mayoría de
los gimnasios tienen canchas. El tamaño de la cancha
depende de tu edad. Incluso tal vez puedas bajar el aro.

¿Qué tipo de equipo necesito?

El calzado de básquetbol protege los pies cuando te desplazas rápido.

¡No mucho! Solo buen calzado deportivo y una pelota de básquetbol. Si estás en un equipo, necesitarás zapatillas de básquetbol. Pesan más que las zapatillas normales. Los lados altos le dan más soporte a tus tobillos.

Jugar uno contra uno es una buena forma de mejorar tus habilidades.

CAPÍTULO DOS

UNIRSE A UN EQUIPO DE BÁSQUETBOL

¿En qué equipos puedo jugar?

Los equipos se basan en la edad. Los niños empiezan a unirse a los equipos cuando tienen unos 7 años de edad. Averigua si tu escuela tiene alguna **liga** extracurricular. También puedes preguntar en el centro comunitario de tu ciudad.

¿SABÍAS?
Las personas con impedimentos físicos pueden jugar básquetbol en silla de ruedas.

El básquetbol en silla de ruedas es popular en todo el mundo.

¿En qué posición debería jugar?

En la cancha hay cinco jugadores al mismo tiempo. Hay dos escoltas, dos aleros y un centro. Los jugadores de menor estatura suelen ser escoltas. Tiran bien desde distancias más largas. Los centros suelen ser más altos. Es más fácil para ellos atrapar los **rebotes**. Los aleros son buenos tanto para tirar como para atrapar rebotes.

El jugador profesional más bajo y el más alto

El más alto:
Sun Mingming
7 pies, 9 pulgadas
(2.4 metros)

El más bajo:
Muggsy Bogues
5 pies, 3 pulgadas
(1.6 metros)

¿Quién será el entrenador de mi equipo?

A veces, los maestros son también los entrenadores de la preparatoria.

Los padres suelen ser los entrenadores de los jugadores más jóvenes. ¡Podría ser tu mamá o tu papá! A medida que los jugadores crecen, los entrenadores son **voluntarios**. Generalmente fueron jugadores de básquetbol y conocen bien el juego. En la escuela, entrenadores capacitados dirigirán a tu equipo. Te ponen a hacer prácticas. Diseñan las **jugadas** durante los partidos.

CAPÍTULO TRES

¿Cómo anoto puntos?

La cantidad de puntos depende de dónde estés parado cuando tiras.

¡Tira y haz pasar la pelota por el aro del **adversario**! Pero ten cuidado. Los defensores del otro equipo tratarán de detenerte. Bota la pelota alrededor de ellos para hacer un tiro. O puedes hacer un pase a tu compañero de equipo disponible. Los encestes valen dos o tres puntos.

clavada
(2 puntos)

zona de 2
puntos

zona de 2
puntos

línea de tres puntos

línea de tiro
libre
(1 punto)

zona de 3 puntos

zona de 3 puntos

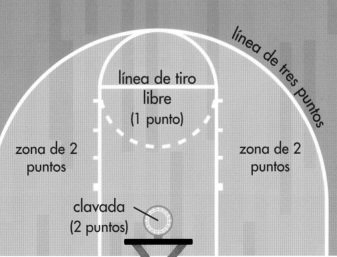

línea de tiro
libre
(1 punto)

línea de tres puntos

zona de 2
puntos

zona de 2
puntos

clavada
(2 puntos)

¿Qué es una falta?

Es cuando alguien rompe alguna regla. Comúnmente, un jugador hace contacto innecesario con un adversario. Podría ser empujar o sujetar a otro jugador. Una falta siempre recibe una **penalización**. La pelota suele pasar al otro equipo. A veces también obtienen un **tiro libre**. No debes cometer demasiadas faltas en un partido. Te podrían echar.

FALTA TÉCNICA

Cuando se le llama la atención a un jugador
o un entrenador en la cancha o en el banco por
mal comportamiento o lenguaje ofensivo.

PASOS

Cuando un jugador que tiene la pelota
da más de un paso sin botarla.

BALÓN RETENIDO

Cuando jugadores de ambos equipos tienen
posesión de la pelota al mismo tiempo.

FALTA PERSONAL

Cuando un jugador hace contacto
ilegal con un adversario.

FALTA OFENSIVA

Cuando un jugador ofensivo se topa con
un adversario que está parado sin moverse y
no hace esfuerzo alguno para evitar el contacto.

¿Cuánto dura un partido?

GLOSARIO

adversario La persona, el equipo o el grupo que está compitiendo contra ti en una competencia.

botar Hacer rebotar una pelota de básquetbol con tu mano.

liga Grupo de equipos deportivos que juegan entre sí.

jugada Una acción o conjunto de acciones que suceden durante un partido.

penalización Castigo por romper alguna regla durante el juego.

rebote Pelota que rebota fuera de la canasta después de no entrar en el aro.

tiro libre Un tiro que vale un punto y que se hace desde atrás de la línea de tiro libre; se otorga por la falta de algún adversario.

voluntario Persona que trabaja sin que le paguen.

ÍNDICE

Acerca del autor

Joe Tischler es editor, periodista deportivo y un ávido fanático del básquetbol que vive en Minnesota. Ha entrenado equipos de básquetbol de niños y niñas de 10-14 años y ha escrito sobre partidos de preparatoria, universitarios y profesionales para distintos periódicos. Sus equipos favoritos son los Minnesota Timberwolves y los Golden Gophers de la Universidad de Minnesota.

Depende de la edad de los jugadores. Los partidos se dividen en dos mitades. Cada mitad puede durar entre 10 y 20 minutos. Algunas ligas también dividen las mitades en cuartos. Los niños más grandes juegan partidos más largos. En la universidad, hay dos tiempos de 20 minutos. Los partidos de la NBA tienen cuatro cuartos de 12 minutos.

Los partidos de preparatoria tienen cuatro cuartos de 8 minutos.

JUGAR EL JUEGO

HAZ MÁS PREGUNTAS

¿Qué ejercicios de básquetbol puedo practicar en casa?

¿Cuánto tiempo tienen los jugadores hasta que tienen que tirar la pelota?

Prueba con una PREGUNTA GRANDE:
¿Cómo puede ayudarme el básquetbol a mantenerme saludable?

BUSCA LAS RESPUESTAS

Busca en el catálogo de la biblioteca o en Internet.
Pueden ayudarte tus padres, un bibliotecario o un maestro.

Usar palabras clave.
Busca la lupa.

Las palabras clave son las palabras más importantes de tu pregunta.

¿

Si quieres saber sobre:

- ejercicios para practicar básquetbol, escribe: EJERCICIOS DE BÁSQUETBOL

- cuánto tiempo tienen los jugadores para tirar, escribe: RELOJ DE TIRO BÁSQUETBOL